Albrecht von Weech, Couchgeflüster

Couchgeflüster

Albrecht von Weech

Photos und Begleit-Texte

KASTNER AG

Albrecht von Weech

Einstimmung

Couchpotato – dieses Wort hat sich allmählich in die englische Sprache eingeschlichen und wurde schließlich 1993 ins Oxford English Dictionary aufgenommen. Im übertragenen Sinne wird mit diesem Begriff eine Person bezeichnet, der es an Eigeninitiative mangelt und die nur schwer für eine Anstrengung oder gar Herausforderung zu begeistern ist.

In diesem Buch geht es um das Leben, mit welchem man das Dasein als Couchpotato füllen kann – und damit genau um das Gegenteil einer Couchpotato. Die Fotografien fangen das Kleine ein, nicht etwas jeden Tag Wichtiges, sich nicht stetig Aufdrängendes. Und dennoch das Wichtigste, das wir haben – gleich nach unserer Gesundheit: nämlich unsere wunderschöne Welt. Jeder darf auf seine Weise etwas dafür tun: im Kleinen, Bescheidenen oder im Großen. Auch wenn das manchen völlig egal ist: Der Erde wird es nicht egal sein.

Ich habe mich vor längerer Zeit mit effektiven Mikroorganismen (EM) befasst – so, wie von Teruo Higa* beschrieben. Genauer: mit EM für Körper, Garten und viele andere Lebensbereiche. 10 Prozent der Mikroorganismen sind degenerative Organismen – also zerstörerische, fäulnisbringende Bakterien. 10 Prozent sind regenerative Bakterien – also lebensbringende und kreative Bakterien. Die restlichen 80 Prozent sind die sogenannten „opportunistischen“ Bakterien. Die schlagen sich immer auf die Seite des Stärkeren, je nachdem, wer lauter brüllt. Sie haben keinen Charakter.

Nun stellt sich die Frage, zu welchem Prozentanteil wir gehören möchten.

Ich möchte Sie deshalb hier ermuntern, Ihre Komfortzone zu verlassen. Also: runter von der Couch und Gehirn einschalten! Denn möglicherweise gehört man dann, wenn auch nicht für lange, zu den 10 Prozent regenerativen Bakterien. Eines ist nämlich klar: Genau wie bei den EM verhält es sich auch beim „Homo sapiens sapiens“ – und sicherlich auch bei allen anderen Tieren und Lebewesen. Mikrokosmos gleich Makrokosmos.

All die Menschen in diesem Buch haben sich auf entzückende Weise meiner Themenvorgabe angeschlossen und dafür begeistert. Viele haben eigene, hinreißende Ideen eingebracht und sich von mir porträtieren lassen – von der Meerjungfrau und der Zwergin über die kaiserliche Hoheit bis hin zu den Buschmännern aus Botswana. Auf diese Weise sind sie alle – falls sie es nicht schon waren – zu meinen Freunden geworden.

An dieser Stelle möchte ich mich herzlich für das Vertrauen bedanken, welches Ihr mir entgegengebracht habt. Ohne Euch wäre das Buch nicht möglich gewesen und meine Idee vergessen worden. Und was hatten wir für einen Spaß!

So lautet auch mein Credo: Man kann mit Freude und Spaß doppelt so viel erreichen wie mit Zwang, schlechtem Gewissen und Rechthaberei.

Der Erlös dieses Buches soll zu einem Großteil an Jane Goodall gehen – eine weise Frau, die ich unendlich bewundere. Sie unternimmt seit Jahrzehnten wesentlich mehr für die Umwelt, als ich es jemals tun werde. Und an Thorben White, der mit umgebauten Smartphones mittlerweile auf der ganzen Welt Regenwälder vor Wilderei schützt.

*) Prof. Teruo Higa: Eine Revolution zur Rettung der Erde. Mit effektiven Mikroorganismen die Probleme unserer Welt lösen. Edition EM, 2009

Sissi Perlinger
Bühnenschamanin und Cabaretöse

My home is my temple

Verdammt wenige Menschen sind in dieser kleingestutzten Monokultur noch fähig zu Individualität oder gar Exzentrik! Sehr schade, denn gerade diese außergewöhnlich seltenen Vögel sind vonnöten, damit eine Gesellschaft sich immer wieder neu erfinden und ungewöhnliche Wege gehen kann.
Das sage übrigens nicht nur ich – das sagt auch die Wissenschaft.
Seit Loriot wissen wir, wie lebensentscheidend die Farbe an den Wänden sein kann, und in einer Welt, in der das Gros der Menschen in Behausungen wohnt, die eher der Pathologie ähneln als dem Nest eines Warmblüters, ist das stilsichere Auge eines echten „Vollblut-Individualisten“ eine Chance, das eigene Überleben zu sichern.
Welcher Mann aber hat schon einen Sinn für wahre Schönheit, hintergründige Harmonie und aberwitzigen Stil? Ich sage: Albrecht von Weech. „AvW“, Träger des „Schwabinger Kunstpreises“ und Besitzer der schönsten Puppenkammer der Welt, ist nicht nur ein begnadeter Stepptänzer, Sänger, Entertainer, Harfenist und Goldschmied. Seine ganz eigene Note weht auch wie eine frische Brise durch seine wunderbar tiefgründigen Fotos.
Soviel zum Macher dieser Bilder. Jetzt zu Ihnen, die Sie dieses Buch in Händen halten.
Wahres Glück empfinden wir, wenn wir sinnvolle Dinge tun, zum Beispiel „umweltfreundlich“ sein. Aber viele von uns sitzen immer noch lieber auf ihrer Couch und warten auf irgendeinen Impuls von außen, der es noch vermag, sie tief drinnen zu berühren. Da sind einfach viel zu viele Informationen, Manipulation oder Sorgen um die weitere Existenz ... und im Hintergund schreit ein kleiner weißer Hase: „Keine Zeit, keine Zeit, keine Zeit!“
Aber es gibt sie tatsächlich, die Helden, die ihr Hinterteil hochgebracht haben, um diese Welt zu verändern. Und der Kauf dieses Buches ermöglicht es selbst den hartgesottensten Couchpotatoes einen kleinen Obolus für unsere Umwelt zu entrichten.
Die Haupteinnahmen aus dem Verkauf dieses Buches gehen an das „Jane Goodall Institut“, Thorben White und andere Helden.
Also: Geben Sie sich einen Ruck und schlagen Sie 5 Fliegen mit 3 Klatschen. Danke!

Grüße von der Perlingerin!

Pietro Draeger, Orlaydis Orozco, Valentina Draeger, Jürgen Draeger, Valentino Maniscalco
Originalcouch von Zarah Leander

Die andere Familie

So fing alles an: Ich besuchte ihn das erste Mal, nachdem ich in München ein Bruno Balz-Programm gesungen und mich so intensiv mit der Thematik befasst hatte, dass ich unbedingt diesen Zeitzeugen kennenlernen wollte – den Schauspieler und Maler Jürgen Draeger. Er war Lebensgefährte und Erbe des Textdichters Bruno Balz, welcher alle Lieder für Zarah Leander und andere UFA-Stars getextet hat. Das Foto zeigt die Originalcouch von Zarah Leander. Draeger heiratete vor zwölf Jahren Pietro Maniscalco. Auf Kuba lernten sie Orlaydis Orozco kennen und verbrachten einen sinnlichen und lasziven Nachmittag zu dritt. Das Ergebnis war Valentina. Dann gibt's da noch Valentino, einen Sohn aus erster Ehe von Pietro. Er ist glücklichselig! Endlich hat er seinen Vater gefunden, einen Stiefvater, eine Stiefmutter und eine kleine Schwester dazu bekommen.

Wie er mir erzählte, wurde er, Jürgen Draeger, als fünfjähriges Kind durch den Bombenhagel in Berlin von seiner Mutter getrennt. Er überlebte alleine in den Trümmern Berlins. Seine Schilderungen waren derart realistisch, dass es mich heute noch schaudert, wenn ich mir vorstelle, wovon sich dieser Junge ernährt und wie er gelebt hat. Es gab eine alte Türe als Dach über einem Kellertreppenabgang. Man erinnere sich an 1946, diesen eiskalten, harten Winter nach dem Krieg, in dem so viele Menschen nicht nur verhungert, sondern auch erfroren sind. Erst vier Jahre später, als er sich selbst mit neun Jahren in der Schule anmeldete, fand ihn seine Mutter wieder. Sein Trauma saß so tief, dass ein Psychologe über eine Stunde brauchte, bis sich Mutter und Sohn wieder in die Arme nehmen konnten. Sein Deutsch war aus nachvollziehbaren Gründen ziemlich mangelhaft. Da er schon mit 16 Jahren ein recht hübscher Kerl war, regte eine Freundin der Mutter an, Schauspielunterricht zu nehmen. Dieser Plan ging auf: Er wurde ein mit vielen Preisen ausgezeichneter, großer Schauspieler. Man nannte ihn den deutschen Alain Delon. Mit 19 meldete er sich auch an der Kunstakademie Berlin an. Eines seiner ersten Ölgemälde kaufte dann Bruno Balz. Und so schließt sich dieser Kreis.

Als ich das Foto in seiner Wohnung in Berlin machte, war ich derartig fasziniert von dieser unglaublichen Biographie, dass ich daraufhin zu dem Entschluss kam, ein Buch mit vielen anderen solcher interessanten Geschichten zu machen.

PICASSO
EUROPÄISCHER EXPRESSIONISMUS

Eckhard Busmann, Christine Höger, Tilmann Kunze, Carlos Peiniger

Männer ... eben nur Männer!

Erst glaubte Christine, die als Kommunikationschefin von Amazon immer unterwegs ist, ihren Geburtstag alleine feiern zu müssen. Doch dann kam überraschend der geliebte Freund Carlos vorbei, welcher dummerweise seine angeheiterten Kumpels mitbrachte. Man kann schon verstehen, dass Frauen ob der männlichen Problembewältigungsmethoden oft frustriert sind.

Matthias Seidl

Wer ist glücklicher?

Eigentlich wollte ich bei Matthias Seidl einen alten Ford Modell A kaufen. Ich hatte ihn durch sein Inserat im Internet kennengelernt, und wir hatten schon am Telefon einen Riesenspaß. Ruckzuck ins Auto und nach Bruckmühl. Wir wurden im Garten bereits von Ferdinand begrüßt, einem viel zu starken, übermütigen Pitbull. Herr Seidel warnte mich zwar, dennoch konnte ich dem Spieltrieb des Muskelpaketes auf vier Beinen nicht widerstehen. Diese lustigen Augen, dieses Schwanzwedeln und dieses auf der Stelle Hüpfen, als er mich sah! Schnell war ein Stöckchen zerbissen und ein Stock musste her und dann noch einer... Ich glaube, hätte ich den nicht gehabt, wäre meine Jacke oder meine Hose dran gewesen. Glücklicherweise spreche ich gut genug hündisch, dass wir beide uns prima vertragen haben. Das Auto von 1928 war zwar nicht mein Fall, aber dafür haben es mir Matthias Seidl und sein Ferdinand angetan. Und ich weiß heute noch nicht, wer von den beiden glücklicher ist.

Felizitas Prinzessin Reuss Gräfin von Schönborn
(Schriftstellerin; Bücher über und mit dem Dalai Lama, Sir Peter Ustinov u.v.m.)
„O Seele, erinnerst du dich, was du gestern im Traum gesehen?“ (Rumi)

Memento mori
Die philosophisch-poetische Prinzessin

Die philosophisch-poetische Prinzessin. Welch eine Freude ist es mir doch immer, Felizitas zu sehen, mit ihr zu sprechen, zu lachen und von ihr zu lernen. Sie ist eine im Geiste ewig jung gebliebene, hochgebildete Dame. Nota bene: Frauen und Männer gibt es viele, jedoch Damen und Herren sind bedauerlicherweise rar geworden. Sie schrieb viele Bücher über und vor allem mit berühmten und großartigen Menschen, mit denen sie dadurch sehr viel Zeit verbrachte. Welch wunderbare Art, sein Leben mit Sinn zu füllen. Sie ist mir Beispiel und Vorbild. Als ich vom Viktualienmarkt diesen Rotkohl mitbrachte, suchte sie flink das schöne Kleid in der passenden Farbe aus.
Vom Party-Shop noch die passenden Landesfähnchen und aus meinem Garten den Totenkopf, der eigentlich eine Aquariums-Dekoration ist, und schwuppdiwupp war das Foto im Kasten. In der Rechten das Symbol der Erde, mit der Linken in die Zukunft deutend.

Daniela Rodler,
Tierärztin, Wissenschaftlerin, Apnoetaucherin, Meerjungfrau/Nixe
„Auf der Suche nach klaren Gewässern“

Die Sorge der Undine

Die schöne Nixe Daniela lernte ich auf dem großen Gauklerball in München als Prinzipal im Neptunsgewand kennen. Der gemeinsame Tanz gestaltete sich allerdings aufgrund ihres Meerjungfrauen-Kostüms etwas schwierig. Schnell war ein Einkaufswagen gefunden. Unsere Pirouetten waren ganz schön flott. Ich erinnere mich gut, sehr vorsichtig gewesen zu sein, denn sonst hätte sie mit dem Fischschwanz sicherlich die ein oder andere unfreiwillige Ohrfeige im Publikum verteilt. Ach, was war das doch für ein Spaß!

Sebastian Erhardt, Matthias Erhardt, Klaus Miller jun., Sabine Resch-Pilmes, Peter Seifert, Ullrich Sattelberger, Christian Grafwallner, Jürgi Kowolik, Martin Höfle und Annette Mannteufel
im Hotel Bachmair am See, Rottach-Egern

Der Massenmord beim Klassentreffen

Es gibt Freunde, die bleiben einem fürs Leben. So feierten drei meiner ehemaligen Klassenkameraden aus Tegernsee im Bachmair am See ihren 60sten. Meine Tegernseer Spezln sind von ganz besonderer Art. Dort gibt es einen ganz großen Zusammenhalt, einen unglaublichen Willen, Spaß zu haben, miteinander zu sporteln und zu spötteln. Allerdings niemals ohne Niveau. So führten an meinem 50. Geburtstag im Königssaal des Palais Montgelas in München fünf der Herren einen Striptease auf. Aus dem „white tie“ schälten sie sich nach „You can leave your hat on“ gekonnt choreografiert aus dem Frack bis in den Stringtanga. Selbstverständlich hatte eine ihrer Frauen gekonnt „Happy Birthday“ auf die nackten Pobacken gemalt. Das war mutig und mir natürlich ein unvergesslicher Spaß.

Armin Kunder, Freifrau Beatrice von der Brüggen

Bumm!?

Armin Kunder und Beatrice von der Brüggen hier während eines Sommerfestes im wunderschönen Schloss Aufhausen. Armins etwas skeptischer Blick lässt darauf schließen, dass er sich der Gefahr wohl bewusst ist, die von dem (natürlich rein zufällig) von Beatrice gehaltenen Gewehr ausgeht. Noch ruht der Hund friedlich und ahnt nichts vom großen Knall, der eventuell das Schicksal dieses Paares gravierend verändern könnte...

Albrecht von Weech
China Zimmer, Schloss Leopoldskron, Salzburg

Von der Erde erschlagen

Drei Tage nach dem Tod meiner Mutter.
Im Schloss Leopoldskron bei Salzburg fand ich diese prachtvolle Riesencouch. Und im Nebenraum den Globus. Glücklicherweise konnte ich diese beiden zusammenfügen und eine der Bediensteten dazu überreden, dieses Foto von mir zu machen. Ich glaube, wenn man die Erde nur lang genug schlecht behandelt – und das machen wir Menschen ja nun wirklich schon viel zu lange –, dann schlägt sie eines Tages zurück. Und wie das dann aussieht, kann man spätestens 2020 durch den Corona-Virus erkennen. Da fällt mir ein ziemlich aus der Mode gekommenes Wort ein. Es ist eines meiner liebsten, denn es fehlt den meisten Menschen. „Demut“.

Carl-Anton Fürst Fugger-de Polignac,
Schloss Biberbach

Der Apfel der Erkenntnis

Carl-Anton Fürst Fugger-de Polignac, ein ausgesprochen gebildeter und kunstsinniger Herr, lud mich zu sich ins Schloss Biberbach. Ich habe dort einen der schönsten Gärten meines Lebens gesehen (und man kann davon ausgehen, dass ich schon viele Schlossgärten gesehen habe). Der Garten verfügt unter anderem über ein Labyrinth, einen chinesischen Pavillon, eine den französischen Gärten ähnliche Kies- und Buchs-Ornamentik sowie einen japanischen Pavillon. Wir sprachen über den radikalen Befall durch den Buchsbaumzünsler. Carl-Anton, unter Freunden Antoine genannt, berichtete mir, den Kampf aufgegeben und alles durch Eibenrabatten und Kugeln ersetzt zu haben. Nach dem Verzehr einer der köstlichen Äpfel aus Carl-Antons Garten kam ich zu der Überzeugung, ihm meine Methode verraten zu müssen. Ich gestand ihm, ein leidenschaftlicher Buchsbaumzünslermörder zu sein. Mit dem Bacillus thuringiensis habe ich dem Buchsbaumzünsler in meinem sowie in meines Nachbars Garten den Garaus gemacht. Der Bacillus geht in den Darm der Raupe und stoppt jede Art von Hungergefühl. Und so muss sie verhungern. Ooooch... das tut mir aber leid.

DAVID

Alexandra Nikolaus, Markus Dauer
Stockdorf

Gleich wird's dunkel

Nur derjenige, der keine Angst vor der Dunkelheit hat, kann das Licht löschen. Das setzt voraus, die Dunkelheit gut zu kennen. Die Trägerin des Weech'schen Familienordens (dieser Orden wurde bisher nur dreimal verliehen) – eine echte Heldin. Als Säugling wurde sie von ihrer Mutter ins Kinderheim gesteckt. Drei Kinder hat sie selbst großgezogen. Seit fast 20 Jahren pflegt sie ihren an den Rollstuhl gefesselten Ehemann. Sie war auch mir immer eine liebe Freundin und große Hilfe.

Metzger und Friseur Hansi Denterlein (liegend) und Crew,
Neustadt a. d. Aisch

Der Abschied – Summa Manus

Ich lernte ihn vor vielen Jahren auf Mykonos kennen. Er hatte damals schon die blauen Haare. Sehr amüsant fand ich von Anfang an seine Berufswahl. Wer kann schon von sich sagen, Metzger *und* Friseur zu sein? Er stammt aus Neustadt an der Aisch und spricht ein köstliches Fränkisch. Im Kofferraum seines „Mäzedes SLGa“ liegt immer der Friseurkoffer mit allen Farben, Bürsten etc. und gleich daneben „d‘Fleischsäch“. Erst nach 15 Jahren konnte ich feststellen, dass man den Namen „Denterlein“ in der Mitte mit „t“schreibt und nicht mit „d“. Also ganz einfach – fränkisch ausgedrückt – mit einem „haddn D“.

Manuel Sanchez, Markus Posselt,
die lieben Nachbarn

Todesangst

Einen riesen Dank an meine lieben Nachbarn Manuel und Markus, die sich für dieses Foto zur Verfügung stellten. Gerade in der heutigen Zeit ist Angst etwas sehr Interessantes. Manche Menschen, die Grund dazu hätten, haben gar keine Angst. Andere, die keinen Grund haben, kultivieren ihre Ängste regelrecht. Für einen Außenstehenden ist es schwierig, eine berechtigte Angst von einer „nur" empfundenen zu unterscheiden. Im Endeffekt ist es so ähnlich wie mit Gott: Für den, der an ihn glaubt, gibt es ihn auch. Und für den, der nicht an ihn glaubt, gibt es ihn einfach nicht. Viel Glück also beim jeweiligen Tolerieren.

Prinz Adalbert von Preußen, Urenkel des letzten deutschen Kaisers, mit seiner Gemahlin Prinzessin Eva-Maria, München

Geerdete Persönlichkeiten

Wir sollten niemals vergessen, worauf wir herumtrampeln, wo wir gehen, worauf wir stehen, woher wir kommen, wohin wir gehen und wie wir uns erden. Adalbert und Eva-Maria von Preußen sind mir sehr liebe Freunde. Adalberts Urgroßvater war der letzte deutsche Kaiser. Es ist sicherlich nicht immer leicht, mit diesem Hintergrund ein sogenanntes „normales“, bürgerliches Leben zu führen. Beide sind lebensfrohe und lebensbejahende Menschen, die gerne lachen und auch wirklich etwas zu sagen haben. Welch wunderbare Kombination aus Herz und Verstand. Ich lerne gerne von ihnen! Jedem ist zu raten, sich mit genau solchen Menschen zu umgeben. Große Leute machen einen groß, kleine Leute machen einen klein.

KaiserKinder

Paulinus Bronisch,
14 Jahre

Der Zauberlehrling

Der Träumer. Mit seinen 14 Jahren weiß Paulinus Bronisch genau, wie man die Welt so hinbekommt, dass sie einem auch gefällt. Und so zaubert er mit kindlichem Geschick und magischen Beschwörungssprüchen all das aus der Welt hinaus, was ihm missfällt, und all das in die Welt hinein, was er sich wünscht. Hoffentlich wird es ihm gelingen.

Weiss-blau und heiter
Wußten Sie, daß ...?

Dr. Fritz Haindl,
Nymphenburg

Die gehört nur mir alleine!

Dr. Fritz Haindl ist ein sehr ruhiger, feiner Mann. Eben ein echter Herr. Als Allotrianer Kollege, ein echter Künstler, der es schafft, sein normales häusliches Arbeitsleben mit einer Riesenportion Humor zu kombinieren. Ich liebe sein schauspielerisches Talent und seine reizende, umsichtige Art. Und übrigens: Sie können ihn ja mal fragen – vielleicht überlässt er Ihnen ja auch ein kleines Stück seiner Erde.

Ich scheiß auf eure Erde!

Melody D'Amour ist eine in der Münchner Burlesque-Szene bekannte Performerin. Sie symbolisiert mit diesem Bild einen ganz großen Teil der Menschen unseres Planeten. Ich hab sogar ein bisschen Verständnis für diese Einstellung, denn wenn man immer nur mit erhobenem Zeigefinger gemahnt wird, das nicht darf und jenes nicht darf, bekommt man eine gewisse Wut. Die aus Amerika importierte Political Correctness ist ja auch so eine Spaßbremse. Doch der Zorn ist – genau wie die Angst – kein guter Lehrmeister. Man sollte einen Weg dazwischen finden.

Julia und Michael Jakl aus Wien,
Splash Camp Botswana

Die geschenkte Erde

Die beiden sympathischen Wiener Michael und Julia Jakl lernte ich in Botswana kennen. Sie waren die besten Reisebegleiter. Eva schenkt Adam die Erde. Ich bin der Meinung, dass die Frau das Alphatierchen und die Lebensspenderin ist. Und im Mann steckt das Genie. Auch wenn wir es nicht gerne hören – alles kann eben nicht in jedem stecken. Das kann sich wunderbar ergänzen – oder eben auch nicht.

„Es gehört zum Schwierigsten, was einem denkenden Menschen auferlegt werden kann, wissend unter Unwissenden den Ablauf eines historischen Prozesses miterleben zu müssen, dessen unausweichlichen Ausgang er längst mit Deutlichkeit kennt.“

(Carl Jacob Burckhardt, 1891–1974)

Elmarie Marnewick, Sekusho Sekusho, Lentibile Hhao, Sean Marnewick,
Botswana

Die braucht's doch so

Elmarie und Sean Marnewick. Das klassische Burenpaar mit schwarzen Angestellten. Das Kuriosum war, dass eigentlich Elmarie die Königin dieses Buschcamps war und Sean nur ihr Ehemann. Das reizt mich natürlich, genau diese Sache mal für eine Sekunde umzudrehen. So was geht nur mit humorvollen Leuten. Und das sieht man auch – wir hatten alle Spaß daran.

„Atalanta“ die Zwergin, Birgit Rödel,
Märchenerzählerin, Elektromechanikerin, Sattlerin,
Kaltenberg

Der Zwergenschatz

„Atalanta“ nennt sich Birgit Rödel, die Zwergin beim Kaltenberger Ritterturnier. Sie ist Elektromechanikerin, Erzählerin, Sattlerin – und vor allem ein Beweis dafür, dass ganz kleine Menschen auch wirklich groß sein können.
Sie ist eine sehr intelligente, liebenswerte und fleißige Frau. Bei ihr gibt es immer ein Stückchen Kuchen oder etwas zu trinken. Und immer großartiges Handwerk zu bestaunen. Auch ich bin in dem Glauben erzogen worden, dass die Natur gerecht sei. Schon meine Großmutter bemerkte beim Anblick einer sehr schönen Frau: „Eine hübsche Larve hat sie, aber sonst ist ja da wohl nichts dahinter.“ Während meiner zehnjährigen Modeltätigkeit auf den Laufstegen dieser Welt habe ich gelernt, dass die Natur bisweilen auch sehr ungerecht ist. Und so gibt es schöne, intelligente und liebe Menschen ebenso wie hässliche, dumme, unverschämte Menschen. Und natürlich alle Grautöne dazwischen. Da drängt sich automatisch die Frage auf, zu welcher man selber gehört.

Birgit Hartman-Hilter

Suche nach dem Grün

Birgit Hartman-Hilter ist meine Befreiungsanwältin. Wenn Sie wissen, was ich meine. Ehe ... und so weiter ... Eine sehr lustige und liebe Freundin.
Meine Lieblingsfarbe ist ja bunt. Deshalb fällt es mir unwahrscheinlich schwer zu akzeptieren, wie viele Grauzonen sowie Beige-Braun-Schwarztöne heutzutage in sogenannter „moderner" Architektur und allen Büros verwendet werden. Wenn man sich alleine die Farben der Autos ansieht: anthrazit, grau, silber, schwarz, schwarz-grau und so weiter und so fort. Einfach trostlos! Birgit ist eigentlich nicht so. Ich erlebe sie als schillernden Regenbogen.

Raphaela Ackermann, Dr. Fritz Haindl, Jutta Haindl (v. l.),
Nymphenburg

Verachtung

Jutta und Fritz Haindl sowie Raphaela Ackermann, die Schwester von Thommy Gottschalk, posierten für diesen Gedanken. Die Welt zu verachten, ist ziemlich leicht. Nur allzu schnell vergessen wir in unserem täglichen Stress, welcher bisweilen selbstgemacht ist, wie schön unsere Erde und unser Leben darauf sind. So nehmen wir diese Vorzüge als selbstverständlich hin. Wenn nicht alles so läuft, wie man sich das vorstellt, dann verachtet man – schon weil es schneller geht. Wer nicht gerne nachdenkt, kann viel schneller urteilen.

Hieronimus Reichsgraf Eckbrecht von Dürckheim-Montmartin Herzog zu Sachsen Engern und Westphalen Graf zu Askanien,
Heilpraktiker und Imker,
Helga Maria Krenn

Amun-Ra
In the spirit of nature.

Graf Hieronimus Dürckheim breitet die Arme aus. Er kniet auf der Erde. Seine Arme sind weit geöffnet, um das Licht und die Wärme der Sonne zu empfangen. Das ist wahrhaft eine demütige und schöne Haltung dem Leben gegenüber. Er ist nicht nur Imker, sondern auch ein sehr guter Heilpraktiker. Eine seiner Methoden ist jedoch ziemlich umstritten: Er stellt Chlordioxidlösung selbst her. Und die hilft. Klingt komisch, ist aber so. Ich selbst habe sie schon mit großem Erfolg getestet.

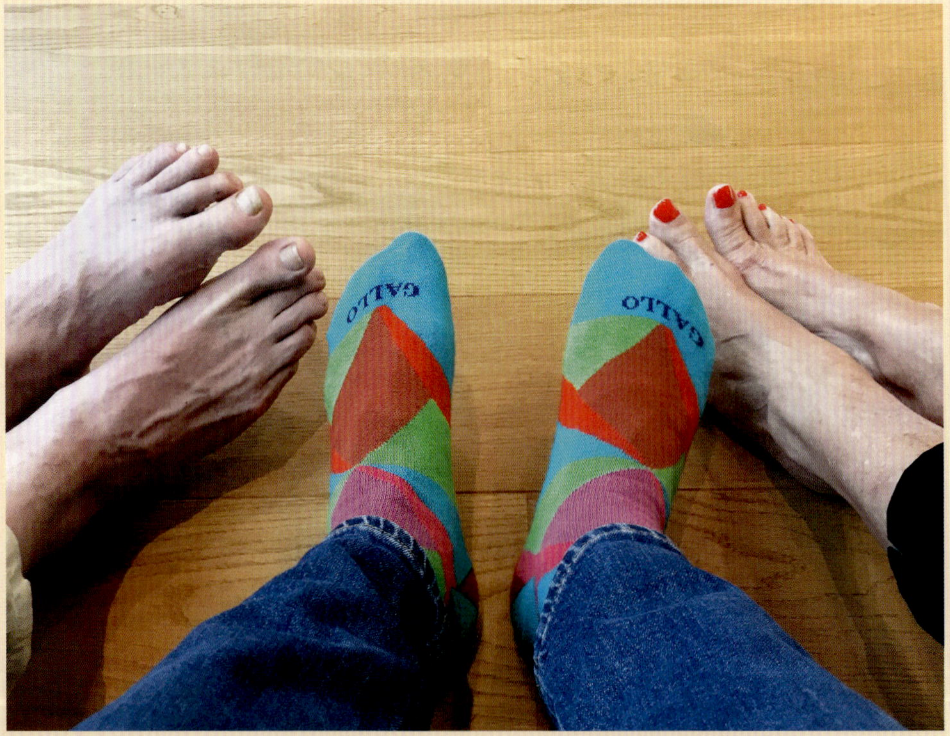

Albrecht von Weech,
Bibliothek Schloss Leopoldskron, Salzburg

Was nutzt mir all mein Wissen?

Nicht „Entweder-oder“, sondern „Und“ ist das Zauberwort der Zeit!

In dieser herrlichen Bibliothek im Schloss Leopoldskron in Salzburg wird man sich sehr schnell dessen bewusst, wie relativ doch das eigene Wissen ist.
Mein Vater hat Tausende von Büchern gelesen und mir immer Vorhaltungen gemacht ob meiner Unbildung. Recht hat er gehabt! Jedoch hat er anscheinend nicht bemerkt, dass in seinen 1000 Büchern nie was wirklich Wichtiges drin stand. Es muss doch ganz herrlich sein, recht zu haben?!

Maxence des Oiseaux,
Frankreich

Der Knochenflötenspieler

Maxence, welcher mir voller Stolz auf seiner Schwanenknochenflöte eine Zaubermelodie vorspielte, gehört zu einer Gruppe von acht faszinierenden Gauklern. Es sind Akrobaten, Jongleure und Musiker, die durch ihre geradezu märchenhafte Ausstrahlung, ihre fantastischen Kostüme und ihr grandioses Make-up, welches von der einzigen Frau der Gruppe kunstvoll aufgetragen wird, jeden in ihren magischen Bann ziehen.

Holger und Beate Lauerer,
Kaltenberg

Der Köhler
Die Köhlerin
Der Kohl

Holger und Beate Lauerer sind ein echtes Faszinosum. Holger betreibt neben der Betreuung schwererziehbarer und behinderter Kinder auch noch mehrere Köhlerhaufen in Deutschland. Seine Frau Beate kennt sich blendend aus mit allen Rezepturen der Hildegard von Bingen und pflegt liebevoll den Kräutergarten. Zu Kaltenberg leben sie wie im Jahr 1250 mit allen dazugehörigen Details – wie einem von ihnen mit eigenen Händen errichteten Haus, einer Färberei und selbst gefertigter Holzkohle. Von der originalgetreuen handgefertigten Gewandung – Gugeln und Schuhe – über Werkzeuge, Geschirr und Mobiliar ist alles aus der Zeit. Was mich besonders fasziniert, ist, dass die Kinder auch begeistert mitmachen. Wer einmal zu Besuch beim Köhler und der Köhlerin war, vergisst nie die geradezu unrealistisch traumhafte Atmosphäre in ihrer Runde. Bisweilen verwende ich den aus einer alten Christbaumspitze geformten Küchen-Quirl des Sohnes Jakob für meinen Grießbrei.

Neil Zukerman und Tom Shivers,
New York,
Zaubergarten

Die Prophezeiung

Manchmal ist alles echt, was glänzt.
Wenn uns der klügste Mensch der Welt – so wie hier beispielsweise Tom – mit seiner ganzen Bildung und allem, was in Büchern steht, warnen würde, es würde nichts nützen … denn Neil raucht einfach weiter. Selbst wenn der Tod schon auf der Wasserpfeife sitzt, Neil raucht einfach weiter. Auch wenn der Sand im Stundenglas des Lebens schon fast zu Ende geht – Neil raucht einfach weiter. Tja – so ist der Mensch!
Neil und Tom sind seit 40 Jahren ein Paar. Sie leben in New York, und wenn sie mich in München besuchen, dann nehmen sie immer einen riesigen Koffer voll traumhafter Juwelen mit. Auf dem Foto sind alle Juwelen echt. Sie sind unschätzbar wertvoll und werden von den beiden jeden Tag ganz selbstverständlich durchs Leben getragen. Als Partnerschaftsring trägt jeder einen fünfkarätigen, gelben, großen Diamanten am Finger. Ich habe diese beiden wunderbaren Männer beim Karneval in Venedig kennen und schätzen gelernt. Man kann sich gar nicht vorstellen, welch fabelhafte Kostüme sie tragen. Mögen diese beiden ein Beispiel und Vorbild für die vielen grauen Mäuse sein, die nicht nur ihr eigenes, sondern auch noch unser Leben mit Langeweile füllen.

Philipp und Gerold Buhl,
die Ritter von Kaltenberg

Der Tod und sein Bruder

Noch leben zwei Ritter in vollem Saft
dem Verfalle trotzend mit ganzer Kraft.
Auf Messers Schneide zwischen Freude und Not –
einer spricht vom Leben, der andere vom Tod?
Zwillinge sind von außen gleich,
doch oft ganz anders im Innenreich.
Der eine ist wie die Sonne. Sie strahlt und wärmt.
Sie bringt gute Laune, von der jeder schwärmt.
Der andere ist wie der Mond. Schwach ist sein Licht.
Er gibt sich stets Mühe, doch strahlen – wird er nicht.

VENERVNT AD MONTE MICHAELIS

Kathrin Mairhörmann und ihr Gemahl, der Herold von Palnkam, mit Crew

Die Richterin

Sie macht alles richtig! Mit dem heiligen Kreuz, der zur Segnung erhobenen Hand sowie dem Richtschwert an ihrer Seite hat sie noch nie falsch entschieden. Obwohl ihre Umwelt erschrocken und entsetzt ihr Handeln bestaunt, weiß sie: Ja! Ich habe immer alles richtig gemacht. Kathrin Mairhörmann und ihr Gemahl, der Herold von Palnkam, sowie die ganze Crew um sie herum haben sich für dieses Foto zur Verfügung gestellt. So etwas geht nur mit wirklich lustigen und intelligenten Menschen. Ach, was haben wir doch für einen Spaß gehabt!

Si deus pro nobis quis contra nos

Dani Völlmer,
die Frau des Maskenschnitzers von Kaltenberg

Gretchen und Mephisto

Dani Völlmer, die Frau des Maskenschnitzers von Kaltenberg, hält gerne mal Zwiesprache mit den Geistern, die ihr Mann Markus in die Maske hineingeschnitzt hat. Dani und Markus kommen beide aus Thüringen, wo er auch sein Handwerk gelernt hat. In unserem Falle kommt Mephisto zu Worte und verführt sicherlich die liebe Dani, nicht mehr ganz so lieb zu sein, um sich ihrer Seele zu bemächtigen. Ob er es geschafft hat, wird sich im nächsten Jahr herausstellen, wenn ich sie wieder in Kaltenberg treffe.

Thomas und Martin Grunewald,
Freising

Darf's ein Tässchen Tee sein?

Der Herr ist etwas ungeduldig, weil der doofe Diener so lange gebraucht hat, den Tee zu servieren. Das kann man verstehen. Man hat ja nicht alle Zeit der Welt, um sich zu entspannen. Der Diener ist etwas ungeduldig, weil der Herr seine Arbeit nicht würdigt. Das lässt sich ja verstehen. Man hat ja auch noch anderes zu tun, als irgendwelchen arroganten Schnöseln Tee zu servieren. Verständnis für den anderen ist oft nicht leicht, aber immer nötig. Es erleichtert das Zusammenleben ungemein.

Matthieu Reul und Jacopo Quintiliani, Corte Morosina,
Venezia

La delusione

Das ewige Trösten meines liebeskranken Freundes – ich hasse Einbahnstraßen!
Diese Szene ist eine Art Zitat einer schmerzlichen Erfahrung aus meiner Jugend.
Wie oft habe ich meinen Freund getröstet, weil er Probleme mit seinen Frauen hatte.
Er hat nie verstanden, was ich für ihn empfand.

Eduard Kellner, Julia Sextl, Johannes Finkenzeller, Karin Herzog,
Palazzo Ca' Sagredo, Venezia

Casanova

Es gibt doch nichts Ärgerlicheres, als anderen beim Leben zuzuschauen und immer nur daneben zu stehen. Im Palazzo Ca' Sagredo zu Venedig greift Giacomo Casanova mit der Linken beherzt ins bebende Dekolleté der schönen Gespielin, während er mit der Rechten die Ehefrau beruhigt. Alles ist möglich. Nichts muss.

Die vielen einzigen Welteroberer

François Echalier hat mir diese wunderbaren Fotos zur Verfügung gestellt. Er reist mit seiner Freundin Matea Pelkow um die ganze Welt, verkleidet sich mit den tollsten Kostümen und macht wundervolle Fotos. Ob wie hier Napoleon Bonaparte oder Louis Quatorze – er schlüpft spielerisch in diese Rollen. Beide Originale hatten eine große Gemeinsamkeit: den allzu menschlichen Größenwahn. Sie hielten sich für einzigartig. Im Falle von François liegt die Sache völlig anders. Er ist ein sehr lustiger, pfiffiger Künstler, der Sinn für Ästhetik hat und sich immer mit einem gewissen Augenzwinkern wunderbar in Szene setzt, um anderen Freude zu bereiten.

Florence Undamai,
Schleiertänzerin und Gastgeberin der schönsten Bälle Venedigs

Die venezianische Fee

Florence Undamai ist wahrlich eine besondere Freundin. Sie ist Kalligraphin, Malerin, Tänzerin und gibt die schönsten Bälle Venedigs. Ihr elfenhaftes Äußeres fasziniert jeden Betrachter.
Wenn sie, nur mit Schleiern und Federn bekleidet, durch die Paläste Venedigs tanzt, entsteht eine märchenhaft-verzauberte Welt. Was wären wir alle ohne unsere Träume?

Foto: Laure Jacquemin

Gräfin Charlotte von Oeynhausen

Raus hier!

Zeigst Du mir den Stinkefinger, schmeiß ich Dich raus und seh Dich nimmer!

Tja, wer den Stinkefinger zeigt, fliegt raus! Gräfin Charlotte von Oeynhausen fasziniert zuerst durch ihre unglaubliche Schönheit, ihr Temperament und ihren Humor.
Und da die Natur ungerecht ist, hat sie noch dazu eine enorme Portion Intelligenz und Esprit mitbekommen.
Jeder Moment in ihrer Gesellschaft ist eine echte Inspiration und Bereicherung.
Was für eine großartige Frau!

Gräfin Sophia Luise von Schaesberg,
München

Il futuro

Meine Gesangskollegin Gräfin Sophia Luise von Schaesberg und ihr kleiner Sohn inmitten ihrer Kuscheltiere. Kinder sind nun mal unsere Zukunft und sollten das Wichtigste sein, das Eltern haben. Leider sind sie nicht selbstverständlich. Kuscheltiere sind da schon anders. Die kann man mal gern haben und mal einfach auf die Seite legen. Wie zum Beispiel den „bekifften" blauen Hasen.

Meine Kinder

Anlässlich meiner Goldschmiedemeisterprüfung fertigte ich diese Marionette. Der König Oberon ist aus Padouk-Holz geschnitzt, seine Schuhe sind aus florentinischem Leder. Seine Haare stammen von unserer alten Bernhardinerhündin Fanni. Seine Kleider sowie seine Krone, die auch als Armreif getragen werden kann, habe ich natürlich selbst gefertigt. Die Krone besteht aus 18-karätigem Gold, Perlen, Diamantrosen und Tsavoriten. So heißt der magische grüne Karborunkel auch Karfunkelstein. Während ich selbst dreimal durch die Meisterprüfung gefallen bin, hat Oberon diese sofort bestanden. Eine heftige Gastritis war die Folge der ungerechten Behandlung, die mir zweifelsohne zuteil wurde. Zitat des Innungsmeisters: „Herr Wech, solche Leute wie sie passen eben nicht zu uns!“

Ich ließ darauf die Goldschmiederei ruhen und schrieb für Oberon ein Märchen mit dem Titel „Der vergessene König“. So wird klar, dass dieser König Oberon für mich der größte Triumph und gleichzeitig die schmerzhafteste Niederlage meines Lebens war. Seine Frau Titania entstand erst sehr viel später. Sie ist aus Lindenholz geschnitzt und trägt vorwiegend rote böhmische Granate als Schmuck. Überflüssig zu erwähnen, dass auch ihr Schmuck nur aus echten Edelsteinen besteht. Ihre Haare stammen von meiner lieben Freundin Annette. Ihr Kleid ist aus einem originalen Stoff des 17. Jahrhunderts gefertigt.

Beide Figuren haben mundgeblasene Glasaugen, die ich mit einer Steineinfasstechnik ins Holz integrierte.

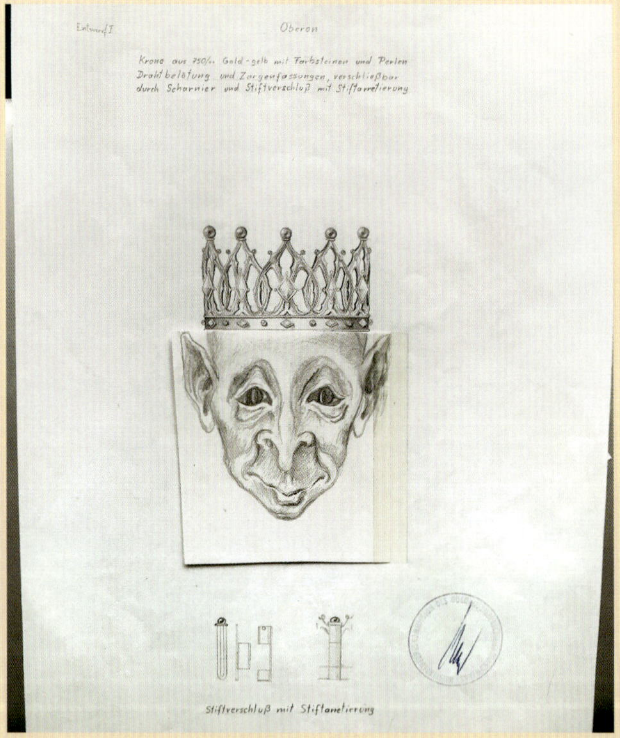

Barbara von Johnson,
Pumuckls Erste Zeichnerin

Die Reisende zwischen zwei Welten

Wie viele Jahre begleitet mich der Pumuckl schon?! Er ist ein echter Weltstar: bis nach Japan hin bekannt und mitten in München in einem verträumten Atelier entstanden. Barbara von Johnson hat ihn gezeichnet und ihm so sein unvergessliches Äußeres geschenkt. Und wie ihr Pumuckl, so ist auch Barbara von Johnson eine hochintelligente und weise Frau, die weiß, dass Probleme mit einer Portion Humor doppelt so schnell gelöst werden können. Welch höchst erfreuliche, selten gelungene Kombination zwischen Herz und Hirn sie doch auszeichnet.

Giovanni Picardi

Die magischen 7 Jahre

Als 10-Jähriger gemalt von Contessa Emilia Barbolani di Montauto, Firenze, der Großmutter Giovanni Picardis. Wie viel sieben Jahre im Leben eines Menschen doch verändern können! Giovanni Picardi aus Florenz als 17-Jähriger und auf dem Gemälde im selben Ambiente als zehnjähriges Kind. Wer weiß – vielleicht kann ich ihn als 24-Jährigen auch wieder fotografieren? Das wäre doch spannend! Er wird dann so viel mehr Erfahrungen gewonnen haben. Und ob die Couch seiner Großeltern in sieben Jahren noch steht? Vielleicht muss das Foto dann ein anderer machen, weil ich auch nicht mehr bin? Ach, übrigens… Manche Menschen machen 1000 Erfahrungen, andere wiederum tausendmal dieselben.

Prinzessin Andrea von Ratibor und Corvey, Prinzessin zu Hohenlohe-Schillingsfürst, mit Sohn Prinz Ignacio Kreis von Ratibor, Schloss Unterriexingen

Die Erleuchtung

Seit frühester Jugend nannten wir die Prinzessin liebevoll „Ratze". Es ist doch immer wieder unglaublich, mit welch merkwürdigen Spitznamen liebste Freunde benannt werden. Sie heißen Bubu, Gaki, Mummi, Memo, Tessy, Atti, Lulu, Gunsch, Wafu, Puppe, Tante Panna, Onkel Bobo... Die schönsten und klangvollsten Namen werden liebevoll verstümmelt. Mit dem gemeinsamen Altern passen diese Spitznamen der Freunde einfach nicht mehr. Irgendwann kommt die Erleuchtung und wir sprechen sie mit ihren würdigen Namen an. Ab heute heißt „Ratze" für mich Andrea. So ein Alterungsprozess soll ja schließlich nicht nur Nachteile haben.

Andreas Haeder, Claudia Fendt

Das säumige Personal

Der säumige Silber-Putzer Andreas Haeder schläft gemütlich auf dem Küchen-Kanapee und die Zofe Claudia Fendt ist völlig entsetzt, weil sie wieder die doppelte Arbeit hat. Und nun kommt die Preisfrage: Wird sie ihn anschreien und damit riskieren, dass er die teure Silberkanne zu Boden fallen lässt? Oder wird sie vorsichtig ihr Tablett zur Seite stellen, ihm die Kanne abnehmen und ihm dann ordentlich die Leviten lesen? Was würden Sie tun?

ESSIG
OEL

Marlis Petersen,
Sopranistin, Erstbesetzung der „Lulu"

Der Blick in die Zukunft

Marlis Petersen nahm während ihres Engagements als Solo-Sopranistin der Münchner Staatsoper bei mir Logis. Jeden Abend brachte sie einen prachtvollen Rosenstrauß direkt von der Bühne in mein Haus. Was für eine zauberhafte und lustige Zeit mit ihr.

Die Zukunft hat viele Namen. Für die Schwachen ist sie das Unerreichbare.
Für die Furchtsamen das Unbekannte. Und für die Mutigen die Chance. *Victor Hugo*

Neulich in Rom:
Judas Makkabäus nebst Jesus von München inmitten seiner Jünger

Das letzte Abendmahl

Die Nebenwirkungen einer Kreuzfahrt.

Ein Freund überredete mich, ihn auf eine Kreuzfahrt zu begleiten. Nach längeren Zweifeln habe ich mich überzeugen lassen und landete auf der Aida. Es war ein bisweilen sehr schwieriges Erlebnis für mich, so viele übergewichtige Menschen so viel essen zu sehen. Ich bin zwischendurch immer wieder an die Reling gegangen und habe mich beim Meer für meine Rasse entschuldigt. Jedoch, wie das nun mal im Leben so ist, lassen sich unter all diesen Personen auch humorvolle und sympathische Zeitgenossen finden. Die habe ich mir dann ganz vorsichtig herausgepickt und sie überreden können, mitten auf der Piazza Navona in Rom dieses wunderbare Foto entstehen zu lassen. Zur Herzseite Jesu Christi lehnt und heuchelt Judas Makabbäus. Am linken Tischende die Diskussion der drei Apostel Johannes, Petrus und Thaddäus darüber, wie am besten eine Religion aufgemacht wird, um der Fischerei endlich den Rücken zu kehren. Am rechten Tischrand überredet der Apostel Jakobus Maria Magdalena, bei Jesus endlich Initiative zu ergreifen, damit auch sie in die Bibel kommt. Das ist natürlich eine rein persönliche Mutmaßung von mir – sonst gar nichts!

PIZZERIA

Gloria Gray, Entertainerin, **und Manuel Vogel,** Tänzer,
München

Zuviel des Guten

Wie hätte ich denn bei einem solchen Anblick auf Glorias unvergesslicher Party widerstehen können?! So viel Frisur, laute Musik, viele Törtchen, viel Sixpack, viele Rundungen und viel Make-up! Viel zu viel Geschrei um nichts. Ach, was für eine Gaudi! Die großartige Künstlerin und Freundin Gloria Gray gemeinsam mit dem wirklich feschen Manuel Vogel inspirierte mich sofort zu diesem Foto.

Wolfgang Andreas Lettenberger,
ehemaliger Postbeamter

Zu wenig von allem

Tempus fugit

Erst habe ich nicht gewagt, Herrn Lettenberger anzusprechen. Ich hatte Angst, ihn zu brüskieren, und bin dreimal um ihn herumgeschlichen. Ich wusste ja nicht, in welcher Gemütsverfassung er sich befindet. Dass dieser Mann zu wenig von allem hat, war mehr als offensichtlich, und ihn gerade deswegen fotografieren zu wollen, war mir erst einmal doch recht peinlich. Doch dann fasste ich mir ein Herz und sprach ihn einfach an. Seine Reaktion war sehr freundlich – und ich war sehr ergriffen und überrascht, als ich seine Geschichte hörte. Vor allem war ich verblüfft, mit welcher Selbstverständlichkeit er seine für ihn anscheinend zufriedenstellende Situation beschrieb. Das machte mich traurig. Gleichzeitig erschienen mir meine eigenen Probleme null und nichtig. Wieder mal eine wunderbare Demutsübung.
Er war von meiner Idee begeistert und hat sich als wirklich nett und kooperativ erwiesen, so dass dieses ausdrucksstarke Foto entstand. Für seine Arbeit als Fotomodel erhielt er von mir eine fürstliche Gage in den Pappbecher. Prost, lieber Herr Lettenberger!

Marc Dübbers,
Lehrer und Umweltaktivist, Sylt

Die Müllrobbe

Auf der Strandpromenade von Westerland lernte ich den sympathischen Lehrer Marc Dübbers kennen. Alter Schwede! Wenn ich da mit Graus an die verknöcherten, in der Gesinnung mittel- bist dunkelbraunen Lehrer meiner Kindheit denke … Marc hatte dort ein Zelt aufgebaut. Um gegen die Verschmutzung der Meere zu demonstrieren, füllte er eine aus Hasendraht gebastelte Robbe mit Müll. Welch geniale Idee!
Wenn man sich mal überlegt, wie viele Meerestiere am Müll des selbstzufriedenen, arroganten Homo sapiens sapiens ersticken! Da kommen mir dann gleich so merkwürdige Zitate in den Kopf wie: „Der Mensch, die Krone der Schöpfung"! Oder: „Das Tier sei dem Menschen Untertan" und dergleichen unüberlegter, überheblicher Quatsch. Tja, liebe Leute … wo bleibt die Demut?

CLUB
Wahre Schätze

Susi Erdkönig,
München

Die Erdkönigin von Sambia
Polio

Susi Erdkönig wurde in Sambia geboren und erkrankte mit vier Jahren an Kinderlähmung. Mit sieben Jahren wurde sie von der Familie Erdkönig aus München adoptiert. Sie ist trotz des Rollstuhls ihrem Sohn Julian eine bezaubernde Mutter und ein fröhlicher, positiver Mensch. Sie sprach mich in der U-Bahn an und weil sie so vergnügt und sympathisch war, fiel es mir gar nicht schwer, sie zu überreden, bei meinem Projekt mitzuwirken.

Sylvia Laubenbacher und Percy Hoven,
Bobingen

Der Begonienkrieg

Manchmal ist das Eheleben gar nicht so leicht. Oft gibt es Missverständnisse oder enttäuschte Erwartungen auf beiden Seiten, die zu großen Konflikten führen können. Wenn der feine Herr in diesem Beispiel den Begonien mehr Beachtung schenkt als der Dame des Hauses, wird diese bisweilen etwas zornig. Dann kann es schon mal passieren, dass die ach so heiß geliebten Begonien kurzentschlossen hingerichtet werden.

Und vielleicht ist es ganz gut, dass – um ein Exempel zu statuieren – nur die Begonien beschnitten wurden. Schließlich ist die Frisur des Herrn Gemahls doch ziemlich nahe. Weitere Bewohner des Hauses verlassen in derartig prekären Situationen gerne mal die Kampfarena. Und die Moral von der Geschicht: Missachte deine Frauen nicht. Sonst macht es plötzlich Schnipp und Schnapp … und schon sind deine Blüten ab.

Eckhard Busmann, Britta Wenzel, Johannes Finkenzeller, Karin Herzog,
Schwabing

Die schlechte Party

Diese normalerweise blendend gelaunten fünf Gäste meines Salons mussten sich unendlich zusammenreißen, schlechter Laune zu sein. Denn das war meine Regieanweisung für dieses Foto. Seit 2011 gebe ich einen Kultursalon bei mir im Hause. Ich nenne ihn den „Vier Jahreszeiten-Salon". Jeder der mit ausgesprochener Vorsicht ausgesuchten Gäste soll, darf, kann (muss aber nicht) etwas vorführen oder seine Begabung anderweitig zeigen. Es gibt also alle drei Monate einen Salon, entweder den Frühlings-, den Sommer-, den Herbst- oder den Wintersalon. In diesem Fall lud ich zum Thema „Weiße Weihnacht" ein. Es wurde eine wirklich „schlechte" Party.

Tina Vogt,
Holly's, Palma de Mallorca

I am not Holly Golightly!

Audrey Hepburns größter Fan betreibt die hinreißende, kleine Bar „Holly's" in Palma de Mallorca. Ihr großes Vorbild Holly Golightly inspirierte sie bei der Wahl ihrer Einrichtung. Höhepunkt: die zur Couch umgebaute Badewanne. Danke, Tina.

Dr. Martin und Uschi Mock, Zahnarzt und Gattin,
Gmunden am Traunsee

Die zertretene Bienenkönigin

Die Zahnarztgattin bekommt keinen Honig mehr. Hat der Trottel wieder nicht aufgepasst und ist einfach auf sie gedatscht!

Es war ein wunderschöner warmer Sommertag. Ich lernte die beiden wirklich sympathischen Gmundener vom Traunsee kennen und war völlig begeistert. Ein lustiger und lebensfroher Zahnarzt mit seiner temperamentvollen, klugen Frau.
Wie selten lässt sich doch ein wirklich harmonisches Ehepaar finden, das schon viele Jahre miteinander in Frieden lebt. Dazu gehört sicherlich eine gute Streitkultur, ein bisschen frotzeln und sich gegenseitig aufziehen sowie – ganz beiläufig im Vorbeigehen – das zärtliche Streicheln als Zeichen der tiefen Liebe und des Respekts. Im Innenhof ihres wunderschönen alten Hauses steht ein riesiger Feigenbaum, darunter plätschert ein Brunnen aus Granit. Auf der Dachterrasse drei Bienenvölker…
Überall sind herrliche Blumen gepflanzt, durch die sich ein Blick auf den benachbarten alten Klostergarten erhaschen läßt. Wie in einem romantischen Gemälde entdeckte ich eine 93-jährige, hagere Nonne, die zwischen den knorrigen Obstbäumen den Kiesweg rechte. Ihre Bewegungen waren langsam, regelmäßig und bedächtig. Nur kurz unterbrach sie ihre Arbeit, um uns einen kleinen Gruß hinauf zu winken. Dann hörten wir nur wieder das Rechen auf dem Kies. Unvergesslich!

Stefanie Mair, Andreas Soyer, Anian Zehetmair,
Elbach, Gemeinde Fischbachau

Der Mensch, der rennt, Brasilien brennt!

Stefanie, Andreas und Anian sprachen mich in Kaltenberg während des Ritterturniers an. Sie dachten, dass ich kein Wort mit ihnen wechseln würde, weil ich ja so „großartig“ und arrogant sei. Aber weit gefehlt! Ich hatte mit den dreien einen Riesenspaß und wir haben über alles Mögliche gesprochen.
So erzählte ich ihnen auch von meinem Couch-Projekt. Ein paar Wochen später bekam ich von Andreas einen Anruf: Sie hätten eine Idee für das Buch. Am Wochenende darauf fuhr ich nach Fischbachau zum romantischen alten Haus von Andreas' Oma. Ihre Idee war großartig: Sie stellten die berühmten drei Affen „Ich sehe nicht, ich höre nicht, ich spreche nicht“ dar. Die drei hatten selbst einen Globus aus Pappe gebaut. Ich war begeistert! Im Lauf der Vorbereitungen kamen wir auch noch auf „Brasilien brennt“. Ein bisschen schwierig, denn ich musste das brennende Streichholz in den Globus stecken, die drei Protagonisten bitten, die Position zu halten, mich schnell platzieren und ein herrliches Foto schießen, bevor das Streichholz entweder den Globus anzünden oder erlöschen würde.
Trotz Stefanies Krampf im Fuß und Andis Maulsperre bekam ich das Bild in den Kasten. Ende gut, alles gut!

Oliver Steinhoff beim Gauklerball,
München

The King

Sein Auftritt am Gauklerball 2019 im Künstlerhaus. *The King!, the pelvis!, Elvis Presley!!!* Der geniale Sänger und Elvis-Imitator Oliver Steinhoff brillierte mit seinen Evergreens. Die Gäste tobten im Saal, alles tanzte wie verrückt und ich wollte einige reizende Mädchen während des Balles dazu bringen, auf die Bühne zu gehen, um dieses Foto mit dem „King" zu machen. Eigentlich bat ich nur acht der Mädchen, die ich vorher diskret angesprochen hatte. Jedoch – nachdem ich per Mikrophon diese acht aufforderte – kam auf einmal die ganze Horde auf die Bühne. Fast hätten sie mich zertrampelt und den „King" völlig verdeckt. Wie froh bin ich doch im Nachhinein über diesen wunderbaren Überfall!

Das Denkmal

Als ich erfuhr, dass Cassy und Florian Finkenzeller nach Bremen fahren werden, bat ich sie, dieses Foto für mich aufzunehmen. Ich habe über die Heilige Santa Internetzia erfahren, dass die berühmteste deutsche Fernseh-Couch in Bronze gegossen in Bremen steht. Ein Denkmal zu Ehren von Loriots 70. Geburtstag. Ein Herr, den ich unendlich verehre. Ach ja … „Ein Leben ohne Mops ist zwar möglich, aber sinnlos.“

Rechtevermerk: picture-alliance/dpa   Fotograf: Ruddies

Herbert Rauer
2013
adidas

Haaka, Hanasie, Dqaecwa, Khodikhodi,
Kalahari

Das Gerücht

Gerüchte gibt es überall dort, wo Menschen sind. So auch in der Wüste Kalahari in Botswana, Afrika. Khodikhodi, das Familienoberhaupt, berichtet hinter vorgehaltener Hand seiner sehr skeptischen Frau Dqaecwa, was er gerade über ihren Jungen gehört hat. Die neugierige Cousine Hanasie belauscht das Gespräch und will alles genau wissen. Der einzige, der genau weiß, was los war, ist Haaka, der Junior selbst, und er ist völlig entsetzt, dass hinter seinem Rücken derartig getratscht wird. Der größte Spaß während der Aufnahmen zu diesem Foto war die unwirkliche Klicksprache der Buschmänner.
Ich habe lange üben müssen, bis ich ihre Namen aussprechen konnte, und es auf Diktiergerät und Film aufgenommen, um es nie in meinem Leben zu vergessen. Nur allzu gerne hätte ich Ihnen eine spontane Tonbandaufnahme davon mitgeliefert.

Albrecht von Weech mit Khodikhodi,
Bushman aus der Kalahari

Suum cuique I

Wie man sich doch seiner Sache oft so sicher ist! Es ist dabei völlig gleichgültig, von welchem Kontinent wir kommen und welchen kulturellen Hintergrund wir haben.
Hier der große, etwas arrogante Europäer, der sich vielleicht denkt: „Diese armen Buschleute. Müssen den ganzen Tag in der Wüste herumlaufen, um sich mit Hilfe hochgiftiger Raupen an der Pfeilspitze die paar verhungerten Antilopen zu erjagen."
Dort der kleinere Buschmann, der sich vielleicht denkt: „Diese armen Europäer. Müssen den ganzen Tag in irgendeinem blöden, stickigen Büro sitzen, werden dick, fett und träge und mit dem miesen Fastfood sterben sie am Ende durch ihre eigene Umweltverschmutzung."

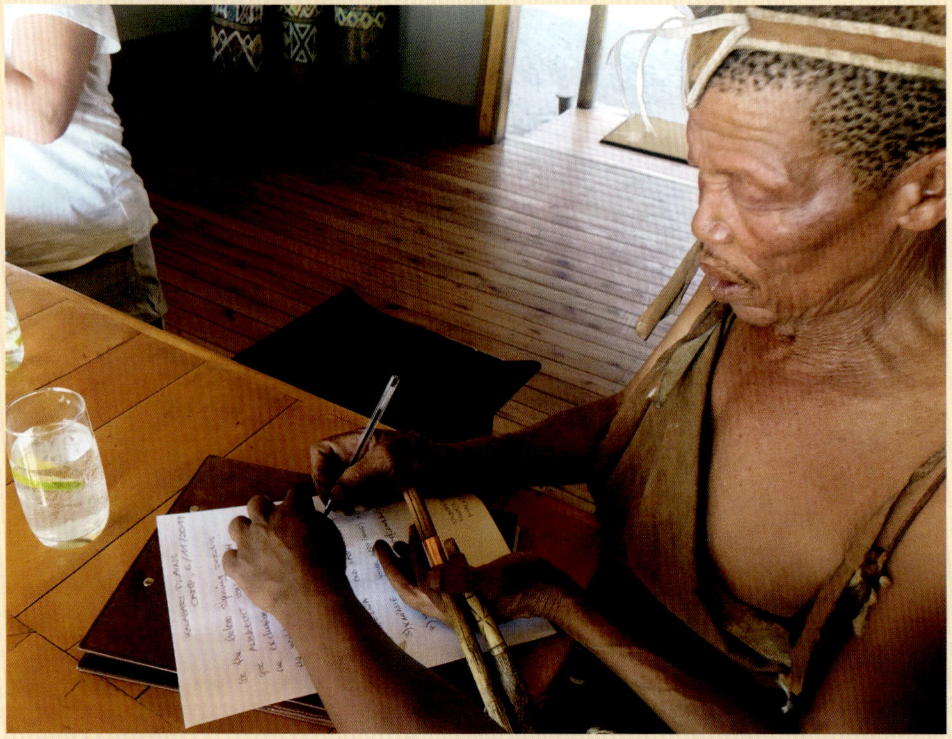

Albrecht von Weech mit Khodikhodi,
Bushman aus der Kalahari

Suum cuique II

Oh, welch peinliches Gefühl ist es doch, in fremden Schuhen zu stecken. In meinen Augen waren das sowieso keine Schuhe, sondern behaarte Kuhhautfetzen. Auch war es ein unangenehmes Gefühl, das olfaktorisch ungewohnte Fell auf der Haut zu fühlen und den merkwürdig aus einem Antilopenlederfetzen zusammengewickelten Lendenschurz zu tragen. Und dann dieses komische Geweih auf dem Kopf, um Antilopen vorzugaukeln, einer von ihnen zu sein. Ich war definitiv keiner von ihnen! Man sieht, dass es dem lieben Herrn Khodikhodi in meinen für ihn viel zu schweren und drei Nummern zu großen Stiefeln genau so erging. Wer trägt sowas schon im Busch, wo doch viel elegantere, luftigere Rindsleder-Sandalen mit ein paar einfachen Griffen umgebunden werden können? Khodikhodi und ich fühlten uns beide wie das legendäre Schinkenbrötchen auf einem jüdischen Geburtstagsfest. Trotzdem sehr schön zu sehen, was meine neuen Freunde aus dem Busch für einen Spaß an meinen Fotoplänen hatten. Unter anderem lag das sicherlich auch an meinem doch sehr „süddeutschen“ Akzent in der buschmännischen Klicksprache.

Dqaecwa, Hanasie, Haaka, Khodikhodi,
Kalahari

Die Erziehung

Der arme kleine Haaka bekommt von Khodikhodi die Leviten gelesen. Die Cousine Dqaecwa verteidigt aber sofort den armen Jungen und erklärt Khodikhodi, dass er in seiner Jugend nicht anders war. Hanasie meint nur lapidar, dass Erziehung doch etwas mit Vorbild zu tun habe. Tja, wo sie recht hat, hat sie recht.

Eileen Kopf und Martina Sternberg,
Bedienungen im „Straubinger Hof“

Wolln’s NOCH a Bier?

Eileen und Martina, hier auf der Personalcouch im ersten Stock des Straubinger Hofs in München, sind als Kellnerinnen schon einiges an Gästen gewohnt. Man kann sich ja vorstellen, dass nicht immer alle Besucher nur freundlich und anständig auf den Biergenuss reagieren. Die beiden haben einen unwahrscheinlichen Zusammenhalt, enormen Humor und sind wirklich – trotz ihrer sicherlich nicht immer angenehmen Erfahrungen im „Kampf“ mit den Gästen – humorvoll gebliebene, entzückende Frauen.

Sebastian Bezzel
Simon Schwarz
STRAUBINGER

Kerstin Heiles, Christoph Pauli,
Schrottklavier, am Traunsee

Die letzte Melodie

Gut sichtbar vor dem alten romantischen Bauernhof von Kerstin Heiles, mitten im Garten platziert, steht seit sieben Jahren dieser alte Flügel. Sommers wie winters trotzt er, immer noch auf seinen drei Beinen stehend, dem Regen, dem Wind, der Sonne und dem Schnee. Seinen Besitzer, den Pianisten Christoph Pauli, schmerzt es, dem stetigen Verfall zuzusehen. So setzt er sich bisweilen an seinen alten, maroden Kameraden und erinnert an die letzte Melodie. Kerstin hat dafür zwar durchaus Verständnis, aber trotzdem einen ganz anderen Plan mit dem alten Schrottteil. Vielleicht wäre es längst an der Zeit für einen „heißen“ Abriss?

Professor Lalli Picardi und Contessa Emilia Barbolani di Montauto,
Firenze

Kurz vor zwölf

Wie viel Zeit bleibt uns noch?
Dies sind die Schwiegereltern meiner Schwester in Florenz: Professor Giovanni Picardi und seine Frau Contessa Emilia Barbolani di Montauto. Von der Familie werden sie liebevoll „Milli“ und „Lalli“ genannt, von meinen beiden Neffen kurz die „Nonnis“. Eine so lange und gute Ehe ist beispielhaft und gleichzeitig ein etwas zu hohes Ziel, um für jeden von uns erreichbar zu sein.

Wie lange ich lebe, liegt nicht in meiner Macht; dass ich aber, solange ich lebe, wirklich lebe, das hängt von mir ab. Lucius Annaeus Seneca (4 v. Chr. – 65 n. Chr.), röm. Philosoph u. Dichter

Albrecht von Weech

Lieber lang gestreift als klein kariert.

Da sitz' ich nun auf meiner Couch.
Ich denke nach und das ist gut.
Ersticht man mit dem Schwert die Erde,
fließt am End' der Menschen Blut.
Der Mensch ist klug, so denkt er sich;
ich nehme, was ich brauch', was kümmert's mich?
Was später kommt, ist mir egal,
die Folgen sind jedoch fatal.
So sitzt Mutter Natur am wogenden Meer.
Ihr wallendes Haar verworren im Wind.
Ihr fruchtbares Becken ist niemals leer,
ständig gebiert sie ein neues Kind.
Geduldig ist sie, grausam und gut,
liebevoll, zärtlich, voll Willkür und Wut.
Neulich geschah es um viertel nach sieben,
irgendwo auf der Welt hat's ein Mensch übertrieben...
Eine Plastiktüte zu viel warf er, achtlos und dumm,
ins Meer hinein; Mutti nahm's krumm.
Sie dachte kurz nach, hat ein wenig gelacht.
Zack! – war es geschehen und die Lösung vollbracht:
Sie gebar einen Virus
ganz flott über Nacht.
Ob Lemming, ob Heuschreck, ob Menschenplage,
Dezimierung löst seit jeher die lästige Frage.

Platz für Ihre Phantasie…

Die Leere

Benimm-Coach & Entertainer

Moderator, Gastredner, Puppenspieler, Stepptänzer, Sänger, Schauspieler,
Träger des Schwabinger Kunstpreises 2020, Goldschmied und Autor:
Albrecht von Weech ist schwer in ein gängiges Genre einzuordnen. Er hält Benimm-Workshops,
moderiert internationale Veranstaltungen – selbst oder durch seine Puppen.
Seit 1989 singt, tanzt und steppt er mit dem Swing-Jazz-Trio oder dem Odeon Tanzorchester.
Sein Ziel ist es, in jeder Lebenslage eine gute Atmosphäre zu schaffen.
Seine Vorträge sind inspirierend und äußerst unterhaltsam. Wer leben will, MUSS mutig sein!

Präsenz

Nach einem schönen Auftritt mit dem Odeon Tanzorchester entstand um ein Uhr morgens dieses Bild mit meiner bezaubernden Bühnenkollegin Julia von Miller. Wir zwei singen schon seit vielen Jahren mit dem Orchester. Erstaunlich, dass wir nach acht Stunden Show immer noch so gut aussahen.

Fotograf: Christoph A. Hellhake

Impressum

Autor und Herausgeber: Albrecht von Weech

Fotos: Albrecht von Weech, AdobeStock/elnavegante (S. 3), istockphoto/Anna Harcenco (Vorsatz/Nachsatz)

Layout: Monika Ebner | Lektorat: Regina Stein

Verlag, Herstellung: Kastner AG – das medienhaus

Schloßhof 2–6 | 85283 Wolnzach | www.kastner.de

1. Auflage 2021 | ISBN 978-3-945296-89-9

Buchrückseite:

Julia von Miller, Albrecht von Weech